NOTICE

SUR

LE CODE DE PROCÉDURE CIVILE

POUR

L'EMPIRE D'ALLEMAGNE

PAR

E. LEDERLIN

Doyen de la Faculté de Droit de Nancy.

Extrait de la Revue critique de législation et de jurisprudence.

PARIS

LIBRAIRIE COTILLON

F. PICHON, SUCCESSEUR, IMPRIMEUR-ÉDITEUR,

Libraire du Conseil d'État et de la Société de législation comparée,

24, RUE SOUFFLOT, 24.

1885

NOTICE

SUR LE CODE DE PROCÉDURE CIVILE

POUR

L'EMPIRE D'ALLEMAGNE

NOTICE

SUR

LE CODE DE PROCÉDURE CIVILE

POUR

L'EMPIRE D'ALLEMAGNE

PAR

E. LEDERLIN

Doyen de la Faculté de Droit de Nancy.

Extrait de la REVUE CRITIQUE DE LÉGISLATION ET DE JURISPRUDENCE.

PARIS

LIBRAIRIE COTILLON

F. PICHON, SUCCESSEUR, IMPRIMEUR-ÉDITEUR,

Libraire du Conseil d'État et de la Société de législation comparée,

24, RUE SOUFFLOT, 24.

1885

NOTICE

SUR LE CODE DE PROCÉDURE CIVILE

POUR

L'EMPIRE D'ALLEMAGNE

I.

HISTORIQUE DE LA CONFECTION DU CODE.

Le Code de procédure civile pour l'Empire d'Allemagne (*Civilprozessordnung für das Deutsche Reich*), sanctionné et promulgué le 30 janvier 1877, est entré en vigueur dans tout le territoire de l'Empire d'Allemagne, le 1ᵉʳ octobre 1879. Sa promulgation et sa mise en vigueur ont été concomitantes à celles de trois autres lois, que l'on est convenu de réunir avec lui sous la dénomination commune de « nouvelles lois judiciaires de l'Empire d'Allemagne », *die neuen Justizgesetze für das Deutsche Reich*. Cet ensemble de législation comprend : 1º la loi sur l'organisation judiciaire, *Gerichtsverfassungsgesetz*, du 27 janvier 1877 ; — 2º le Code de procédure civile, *Civilprozessordnung*, du 30 janvier 1877 ; — 3º le Code d'instruction criminelle, *Strafprozessordnung*, du 1ᵉʳ février 1877 ; — 4º la loi sur les faillites, *Konkursordnung*, du 10 février 1877.

Pendant fort longtemps, en Allemagne, les règles et les formes de la procédure avaient été déterminées par l'usage et la tradition, plutôt que par la loi ; la doctrine et la pratique les comprenaient sous l'expression de *gemeiner deutscher Civilprozess*, (procédure civile allemande commune): il n'y avait toutefois qu'un petit nombre de principes fondamentaux qui fussent généralement observés ; mais chaque Etat, chaque province, chaque tribunal même, avait pour les formes de procéder ses règles et ses pratiques particulières. La Bavière avait eu pourtant, dès 1750, un Code judiciaire, (*Codex juris bavarici judiciarii*), qui fut modifié par des lois de 1818 et de 1837; elle fut régie plus tard par un Code de procédure, voté en 1869, sous le titre de *Bayerische Civilprozessordnung.*

En Prusse, une loi publiée en 1795, sous le titre d'*Allgemeine Gerichtsordnung,* détermina pour tous les États du Royaume les formes de la procédure ; des modifications plus ou moins importantes y furent apportées en 1833, en 1846, en 1859 et en 1867.

D'autres États, la Saxe, le Wurtemberg, Bade, etc., eurent aussi des lois de procédure qui datent, en général, de la seconde moitié du dix-neuvième siècle. Entre ces lois, la plus importante par les principes qu'elle consacrait et par l'influence qu'elle a exercée sur la rédaction du Code général de 1877, fut le Code hanovrien, voté en 1850, mis en vigueur en 1852.

Enfin le Code de procédure civile français, de 1806, avait conservé son autorité dans les provinces rhénanes de la Prusse, de la Hesse et de la Bavière.

La codification accomplie dans plusieurs États ne fit cependant renoncer ni les jurisconsultes ni les praticiens au désir d'obtenir une législation uniforme pour toute l'Allemagne. Le premier congrès des jurisconsultes allemands, réuni en 1860, témoigna de son vif intérêt pour la question. L'année suivante, le ministre de la justice de Prusse chargeait un éminent magistrat d'élaborer une loi de procédure civile qui pût être appliquée à toutes les provinces de la Monarchie et, autant que possible, servir de base à une législation générale pour toute l'Allemagne. En 1862, dix autres États constituaient à Hanovre une commission pour rédiger le projet d'un Code de procédure civile pour tous les États de la Confédération germanique. Les deux projets furent publiés l'un en 1864, l'autre en 1866.

Bientôt après, les événements politiques vinrent donner une nouvelle impulsion aux efforts entrepris en vue d'obtenir l'unité législative. La mission de faire des lois générales sur la procédure judiciaire pour tout le territoire fut, en effet, attribuée par la constitution du 16 avril 1867 à la Confédération de l'Allemagne du Nord, et plus tard transportée à l'Empire par la constitution de 1871. Une commission instituée à la suite d'un vote du Parlement de l'Allemagne du Nord, de 1868, déposa deux ans après un projet de Code de procédure civile ; un autre projet, élaboré par le ministre de la justice de Prusse, fut publié en 1871. Ces deux projets servirent de base aux études et aux travaux d'une commission de dix jurisconsultes instituée par le Conseil fédéral, le 8 mai 1871, sous la présidence de M. le Dr Léonhardt, ministre de la justice de Prusse. Le projet élaboré par elle et déposé en 1872, devint de la part du Parlement, l'objet de plusieurs modifications assez importantes, et aboutit en définitive au vote de la loi du 30 janvier 1877.

II

APERÇU GÉNÉRAL SUR LE CODE DE PROCÉDURE CIVILE DE L'EMPIRE D'ALLEMAGNE.

Le Code de procédure civile pour l'Empire d'Allemagne donne, en dix livres et en 872 articles, l'ensemble des règles à suivre pour le jugement des contestations en matière civile soumises aux tribunaux ordinaires. Le livre premier (§§ 1 à 229) contient des dispositions générales sur les tribunaux, les parties, et la procédure. Le livre II (§§ 230 à 471) règle la procédure en première instance, soit devant les tribunaux régionaux, soit devant les tribunaux de bailliage. Le livre III (§§ 472 à 540) est consacré aux voies de recours. Le livre IV (§§ 541 à 554) s'occupe de la reprise de la procédure, à la suite des actions en nullité ou en restitution. Les formes spéciales de procéder sur les demandes fondées sur titres ou sur lettres de change, et dans les affaires de mariage ou d'interdiction, font l'objet des livres V et VI (§§ 555 à 567, et 568 à 627). Sous le nom de procédure par voie de sommation (*Mahnverfahren*), le livre VII (§§ 628 à 643) organise une procédure spéciale, qui tient en quelque sorte le milieu entre les instances aux fins de condamnation et les poursuites d'exécution forcée. Les règles générales de l'exécution forcée, et les formes dans lesquelles il y est procédé font l'objet du

livre VIII (§§ 644 à 822). Enfin les livres IX et X (§§ 823 à 850
et §§ 851 à 872), sont consacrés respectivement aux procédures
provocatoires (*Aufgebotsverfahren*), et aux arbitrages (*Schiedsrichterliches Verfahren*).

LIVRE PREMIER. — DISPOSITIONS GÉNÉRALES.

SECTION PREMIÈRE. — *Des Tribunaux.*

La composition des tribunaux, leur compétence *ratione materiæ*, les conditions d'aptitude de leur membres, la tenue et la
police de leurs audiences, sont réglées par la loi d'organisation
judiciaire. Le Code de procédure civile ne devait donc contenir,
à l'égard des tribunaux, que des dispositions complémentaires
en quelque sorte. Il charge le tribunal saisi de la contestation de
déterminer, d'après sa libre appréciation, la valeur de l'objet du
litige, dans les cas où la compétence *ratione materiæ* y est subordonnée ; il indique les règles à suivre dans cette appréciation.
La compétence *ratione personæ* ou *ratione loci* est également déterminée par le Code. En principe, sauf les cas où loi a attribué
compétence exclusive à un autre tribunal, le défendeur peut être
appelé, pour toutes les contestations à élever contre lui, devant
le tribunal de son domicile (*actor sequitur forum rei*). En matière immobilière, la connaissance des actions relatives à la propriété, aux servitudes et aux charges réelles, ainsi que des actions
en bornage ou en partage, et des actions possessoires, appartient
exclusivement au tribunal de la situation de l'immeuble litigieux
(*forum rei sitæ*). Des circonstances particulières prévues au
Code, telles que l'ouverture d'une succession, l'élection de domicile expresse ou tacite pour l'exécution d'une convention, etc.,
permettent de saisir, au choix du demandeur, d'autres tribunaux
que celui du domicile, dont ils n'excluent pas toutefois la compétence générale (§§ 12 à 35).

Lorsqu'il y a lieu à règlement de juges, il y est statué par le
tribunal immédiatement supérieur dans l'ordre des juridictions ;
l'affaire est soumise au Tribunal de l'Empire, lorsque les tribunaux entre lesquels il y a lieu de prononcer appartiennent à des
États différents et ne ressortissent pas à un même tribunal régional supérieur. La décision est rendue sans plaidoirie ; elle n'est

susceptible d'aucun recours. (Code de procéd. civ., §§ 36, 37 ; loi sur la mise en vigueur du Code, § 9).

Il est loisible aux parties de soumettre, par un accord exprès ou tacite, leur différend à un tribunal de première instance autre que celui auquel la loi a attribué compétence ; l'accord des parties ne peut intervenir que sur un objet déterminé, et sur les contestations y relatives; la prorogation de compétence n'est admise aussi que pour des réclamations purement pécuniaires, et que la loi n'ait pas soumises à la juridiction exclusive du tribunal qu'elle a désigné ; elle n'est possible d'ailleurs qu'à l'égard des tribunaux de première instance (§§ 38-40).

Plusieurs circonstances définies par le Code constituent pour le magistrat un obstacle légal à l'exercice de ses fonctions et l'obligent par conséquent à se récuser. La récusation peut aussi être proposée par les parties ou par l'une d'elles, lorsqu'elles ont juste sujet de douter de l'impartialité du juge (§§ 41-49).

SECTION II. — *Des parties.*

A propos des parties, le législateur avait tout d'abord à s'occuper de leur capacité d'ester en justice (*Prozessfæhigkeit*) : Le règlement en est, en principe, abandonné au droit civil da chaque État ; le Code de procédure a posé toutefois quelques règles générales à ce sujet. Il reconnaît à toute personne la capaciter d'ester en justice dans la mesure où elle est capable de contracter, et n'admet pas que cette capacité soit restreinte à l'égard des majeurs par la puissance paternelle, ou, à l'égard des femmes, par le mariage ou par la tutelle qui leur serait imposée à raison de leur sexe. Pour l'étranger, il suffit que cette capacité lui appartienne, soit d'après la loi de son pays, soit d'après celle du tribunal saisi de la contestation. Le tribunal doit relever d'office l'incapacité de la partie, ou le défaut de qualité de celui qui se présente comme son mandataire légal ou conventionnel ; il peut aussi, à défaut de représentant légal, et s'il y a péril en la demeure, lui nommer un mandataire spécial pour le procès, en attendant la constitution d'un représentant légal (§§ 50-55).

Les personnes qui ont un intérêt commun peuvent figurer ensemble au procès soit en demandant, soit en défendant ; les actes de l'une d'elles ne peuvent ni profiter ni nuire aux autres ; néanmoins, si la matière est indivisible, celles qui auraient négligé de répondre à un ajournement, ou d'observer un délai, seraient censées avoir été représentées par les autres (§§ 56-60).

La participation de tiers au procès peut se rencontrer sous deux formes, auxquelles le Code donne respectivement les noms d'intervention principale (*Hauptintervention*) et d'intervention accessoire (*Nebenintervention*). L'intervenant principal est celui qui réclame, en tout ou en partie, la chose ou le droit qui fait l'objet d'un procès engagé entre d'autres personnes, et prétend ainsi faire reconnaître à son profit un droit exclusif de celui de l'un et de l'autre des plaideurs ; il dirige sa demande contre les deux parties devant le tribunal saisi de l'affaire en premier ressort. L'intervention accessoire a lieu de la part d'un tiers, qui, y ayant d'ailleurs un intérêt légitime, désire se joindre à l'une des parties pour l'appuyer, et faire triompher sa prétention ; l'intervenant prend le procès en l'état où il se trouve, il peut produire tous moyens qu'il juge utiles, à la condition toutefois que ses déclarations et ses actes ne soient pas en opposition avec ceux de la partie principale (§§ 64-68).

La partie peut aussi appeler un tiers en cause, pour exercer contre lui un recours en garantie (§§ 69-72). Enfin, celui qui est recherché comme possesseur d'une chose, peut s'affranchir de l'action en assignant aux fins de déclaration et en faisant connaître au demandeur la personne pour le compte de qui il possède (*Laudatio auctoris*) (§ 73).

Devant les tribunaux régionaux (*Landgerichte*) notamment devant leurs chambres commerciales, et devant les tribunaux supérieurs, les parties sont tenues de se faire représenter par des avoués ; cette règle n'est pas applicable toutefois aux actes à faire devant un juge commissaire ou devant un juge saisi en vertu d'une commission rogatoire, ou devant le greffier ; elle ne l'est pas davantage à la procédure devant les tribunaux de bailliage (*Amtsgerichte*) : la partie peut y agir par elle-même, ou se faire représenter ou assister par toute personne capable d'ester en justice. Dans le cas même où le ministère d'avoué est exigé, la partie obtient la parole, si elle la demande, soit pour exposer l'affaire, soit pour rétracter ou rectifier les déclarations faites en son nom. Le tribunal peut aussi ordonner la comparution des parties en personne, pour provoquer leurs explications sur les faits de la cause, ou pour essayer de les concilier (§§ 74, 75, 80, 128, al. 4, 81, 132, 268).

Le mandat *ad litem* implique le pouvoir de faire tous les actes de la procédure, jusques et y compris l'exécution forcée; de substituer; de constituer un mandataire pour les instances supérieures; et même de terminer le différend par transaction, désistement ou acquiescement : hors le cas où le ministère d'avoué est exigé, le mandat peut être limité à certains actes de la procédure (§§ 77-85). L'exercice de la profession d'avoué est réglé par une loi spéciale, du 1er juillet 1878 (*Rechtsanwaltordnung*), qui est entrée en vigueur en même temps que le Code [1].

A ces dispositions sur les parties et leurs représentants, le Code a rattaché, sans lien apparent, trois titres sur les frais du procès, la caution *judicatum solvi*, et l'assistance judiciaire.

Les frais et dépens sont à la charge de la partie qui succombe; ils peuvent aussi être compensés ou partagés proportionnellement entre les parties, lorsque l'une d'elles obtient gain de cause sur un ou plusieurs chefs, et succombe sur d'autres (§§ 87-100). Une loi spéciale, du 18 juin 1878, sur les frais de justice (*Gerichtskostengesetz*) [2] a déterminé les droits dont la perception est autorisée au profit de l'État, sous le titre de droits de justice (*Gerichtsgebühren*); ils remplacent les droits de timbre et autres impôts perçus à l'occasion des procédures, à l'exception toutefois des droits d'enregistrement dûs sur les jugements ou les transactions, en vertu des lois des divers États. D'autres

---

[1] La loi du 1er juillet 1878 a été l'objet d'une notice de M. L. DUBARLE, substitut à Troyes, qui a été imprimée dans l'*Annuaire de Législation étrangère* publié par la *Société de Législation comparée*, 8e année, 1879, pages 96 à 102.

[2] Voyez : Loi du 18 juin 1878, sur les frais de justice. Notice et analyse par M. Lederlin, professeur à la Faculté de Droit de Nancy (*Annuaire de Législation étrangère*, 8e année, pages 93 à 96).

lois ont établi les tarifs des émoluments dûs aux huissiers, [1] aux témoins ou aux experts, [2] et aux avoués [3].

L'étranger, qui se porte demandeur au principal, est tenu de fournir au défendeur, si celui-ci le requiert, caution pour les frais de l'instance ; le montant du cautionnement est fixé par le tribunal, eu égard à l'importance probable des frais du défendeur ; il est consigné en espèces, ou en valeurs constituant, d'après l'estimation du juge, une couverture suffisante (§§ 101-105).

L'assistance judiciaire (en allemand *Armenrecht*, littéralement, le droit des pauvres), est accordée à la partie qui justifie qu'elle est hors d'état de faire face aux frais du procès, sans se priver des ressources nécessaires à son entretien et à celui de sa famille ; il y est statué, sans débat oral préalable, par le tribunal appelé à connaître de la contestation ; en cas d'admission, la décision n'est susceptible d'aucun recours ; en cas de rejet, elle peut être attaquée par le pourvoi devant le tribunal immédiatement supérieur. La partie qui a obtenu l'assistance judiciaire est dispensée provisoirement du paiement de tous frais quelconques, et de la caution *judicatum solvi* ; un huissier et, s'il y a lieu, un avoué sont désignés pour lui prêter gratuitement leur ministère. Quand elle est accordée en première instance, l'assistance judiciaire comprend l'exécution forcée. Les frais, dont l'assisté a été provisoirement dispensé, peuvent être recouvrés contre l'adversaire, s'il est condamné aux dépens. L'assisté lui-même est tenu de les rembourser, lorsqu'il lui survient des ressources suffisantes. L'assistance peut d'ailleurs être retirée, s'il est justifié que l'une des conditions exigées pour sa concession n'existait point ou a cessé d'exister (§§ 106-118).

SECTION III. — De la procédure.

Plusieurs des principes fondamentaux de la procédure introduite par le Code sont inscrits dans cette section : la forme du

---

[1] *Gebühren-Ordnung für Gerichtsvollzieher* (Tarif des émoluments des huissiers), du 24 juin 1878.

[2] *Gebühren-Ordnung für Zeugen und Sachverstaendige* (Tarif des émoluments des témoins et des experts), du 30 juin 1878.

[3] *Gebühren-Ordnung für Rechtsanwaelte* (Tarif des émoluments des avoués), du 7 juillet 1879.

débat, le rôle du juge et des parties y sont spécialement définis.

Aux termes du § 119, le débat est oral ; les parties ou leurs représentants exposent et discutent de vive voix leurs prétentions devant le tribunal qui est appelé à en connaître ; le juge ne peut statuer que sur les conclusions prises à l'audience [1], et ce n'est, en principe, que dans les explications fournies devant lui dans un débat contradictoire par les parties, les témoins [2], les experts [3], qu'il doit puiser les éléments de sa décision ; il ne peut prendre part au jugement qu'à la condition d'avoir assisté aux débats [4]. La nouvelle loi allemande adopte ainsi le système du Code de procédure civile français, auquel s'étaient déjà ralliés le Code hanovrien de 1850, et la plupart des lois de procédure votées depuis cette époque ; il abandonne, au contraire, le système de la procédure écrite, qui avait prévalu dans les pays qui n'avaient point de lois spéciales, et servi de base à la législation prussienne.

La loi d'organisation judiciaire complète sur ce point les dispositions du Code de procédure civile, en prescrivant la publicité des débats et le prononcé des jugements en audience publique (§§ 170 et suivants de la loi d'organisation judiciaire ; § 294 du Code de procédure civile).

Le principe que le débat est oral n'exclut pas les écritures nécessaires soit pour introduire le débat, soit pour le préparer et le circonscrire, soit pour en constater la marche et les résultats. Les demandes introductives d'instance, l'intervention, l'opposition, l'appel, le pourvoi en révision, le pourvoi devant le tribunal immédiatement supérieur (*Beschwerde*), sont formés au moyen d'actes écrits signifiés à la partie adverse, ou remis au juge [5]. Dans les affaires où leur ministère est exigé, les avoués échangent, avant les plaidoiries, des écritures où ils se font connaître réciproquement les conclusions que leurs parties se proposent de prendre à l'audience, leurs articulations de faits, leurs

---

[1] Code de procédure, § 267.
[2] Code de procédure, § 320. Voyez cep., § 340.
[3] Code de procédure, §§ 367, 370, 374, 376.
[4] Code de procédure, § 280.
[5] Code de procédure, §§ 230, 67, 305, 479, 515, 532.

explications sur les faits allégués par l'adversaire, leurs moyens, leurs preuves ; ces écritures préparatoires sont facultatives aussi dans les affaires suivies sans le concours des avoués. Mais elles n'ont pour but que de préparer et d'éclairer le débat oral ; elles ne peuvent ni y suppléer, ni le limiter. La partie ne peut se dispenser de plaider, en s'en référant aux écritures signifiées en son nom ; le juge ne peut statuer que sur les conclusions et les moyens qui lui ont été soumis à l'audience ; et il est toujours loisible à la partie de conclure à nouveau à l'audience, sans l'avoir fait dans des écritures préparatoires, ou de modifier les conclusions qu'elle aurait fait signifier ; ses conclusions sont alors consignées dans un acte écrit qui est annexé au procès-verbal de l'audience. Il est pareillement dressé acte des aveux et autres déclarations des parties (§§ 120-128, 269, 270).

Le jugement doit aussi être rédigé par écrit ; cela est indispensable pour en fixer les termes et en assurer la conservation. La loi veut de même que l'objet, la marche et les résultats du débat oral soient consignés dans un procès-verbal écrit, qui est signé par le président et par le greffier (§§ 145-151).

Le débat oral suppose, d'ailleurs, une contestation née entre deux parties et pouvant donner lieu à un jugement soit définitif, soit avant-faire-droit. Mais il peut être statué sans plaidoirie sur les questions qui peuvent être introduites par simple requête, ou dont la décision constitue un acte d'administration autant que de juridiction, ou sur l'exécution forcée. C'est ainsi que les demandes en règlement de juges ou en récusation, les demandes de concession ou de retrait de l'assistance judiciaire sont jugées sans débat oral préalable ; le tribunal d'exécution rend de même, sans plaidoirie, les décisions autorisant l'exécution parée ou celles qui ordonnent qu'il y sera sursis [1].

Dans les affaires civiles, comme dans les matières criminelles, on peut concevoir pour l'ensemble de la procédure deux principes diamétralement opposés : l'un, qui confie au juge la direction de la procédure, la mission de rechercher les preuves, de s'enquérir de la vérité des faits ; l'autre, qui s'en remet aux parties elles-mêmes du soin d'instruire l'affaire, et de déterminer

[1] Voyez Code de procédure §§ 36, 37, 46, 117, 647, 684, 801.

les moyens et les preuves qu'il leur convient d'invoquer, soit en demandant, soit en défendant. La première de ces deux formes de procéder a reçu des criminalistes le nom de forme inquisitoriale ; les Allemands appellent, de même, le principe sur lequel elle repose en matière civile, *Inquisitionsprincip, Untersuchungsprincip*, principe inquisitorial. La seconde constitue pour les criminalistes la forme accusatoire ; le principe en est appelé par les Allemands *Verhandlungsprincip* ; nous pourrions dire, à défaut d'un terme plus précis, le principe de la discussion entre les parties ; c'est qu'en effet l'affaire s'instruit par la controverse engagée entre les parties, agissant chacune de sa propre initiative et sous le contrôle de l'autre.

C'est à ce second principe que le Code de procédure civile pour l'Empire d'Allemagne a donné la préférence. Aux parties seules il appartient de définir leurs réclamations, d'indiquer les moyens et les preuves à l'appui, d'opposer à leurs adversaires telles défenses, exceptions ou répliques qu'elles jugent utiles ; le juge ne peut en général statuer d'office, ni sur chose non demandée[1].

Mais, en même temps qu'elle consacre l'initiative des parties, la loi a attribué au juge des pouvoirs étendus pour la direction des débats. Elle prescrit au président de veiller à ce que l'affaire soit discutée à fond ; et de poser des questions pour amener les parties à expliquer clairement leurs conclusions, à préciser les faits, à indiquer leurs moyens de preuve, et généralement à fournir tous les éclaircissements de nature à établir les circonstances de l'affaire (§§ 127, 130). Le tribunal peut aussi, d'office, ordonner la comparution des parties en personne, l'expertise uo la descente et vue des lieux (§§ 132, 134, 135). Il peut ordonner que les parties ne s'expliqueront que successivement sur les divers moyens qu'elles entendent invoquer à l'appui de leurs conclusions (§ 137). Lorsqu'il est saisi de plusieurs réclamations, il peut en ordonner la jonction ou la disjonction, il peut aussi, d'office, surseoir au jugement, lorsqu'il est subordonné à la décision d'une autre contestation actuellement pendante (§§ 136 à 142).

Les règles de la preuve, exposées au livre II, complètent le système général du Code. Il répudie absolument l'ancienne

---

[1] Voyez notamment §§ 230, 279.

théorie des preuves légales. Le § 259 donne au tribunal le pouvoir de décider selon sa libre conviction, d'après l'ensemble des débats et les résultats de la procédure à fins de preuve, si les faits allégués par les parties doivent être ou non tenus pour vrais; dans cette appréciation, dont il doit exprimer les motifs au jugement, il n'est astreint à aucune règle légale, si ce n'est dans les cas expressément prévus au Code. Le § 14 de la loi sur la mise en vigueur du Code confirme ces dispositions, en abrogeant les prescriptions légales qui n'admettent, dans certaines circonstances, que certains moyens de preuve, ou veulent que, dans des conditions déterminées, un fait soit tenu pour plus ou moins vraisemblable.

Nous n'entreprendrons pas d'analyser les dispositions fort détaillées par lesquelles le Code règle les énonciations des écritures préparatoires du débat, la rédaction du procès-verbal de l'audience, les formes et la remise des significations, les ajournements et fixations, le calcul des délais (§§ 121-126, 145-151, 152-190, 191-207). Retenons seulement que, dans les procès où le ministère d'avoué n'est pas exigé, les parties peuvent, pour les significations à faire, s'adresser directement à l'huissier, ou réclamer à cet effet l'entremise du greffier : c'est une conséquence du rôle attribué au juge dans la direction du procès (§ 154). Notons aussi que le Code permet de faire effectuer les significations par la poste, dont le facteur procède ainsi que le ferait l'huissier (§§ 176-180); au témoignage de l'Exposé des motifs, ce mode, pratiqué déjà en Prusse et en Saxe, y aurait donné de bons résultats.

Le Code a prescrit pour l'accomplissement de certains actes de procédure des délais de rigueur (*Nothfristen*) ; leur inobservation emporte déchéance du droit d'accomplir ces actes. La restitution en entier peut toutefois être accordée à la partie, si elle justifie d'un cas fortuit ou de force majeure ; elle peut l'être même après le délai d'opposition, dans le cas où, sans faute de sa part, la partie n'aurait pas eu connaissance de la signification du jugement par défaut. Le délai pour demander la restitution est de deux semaines, à compter du jour où la partie a repris sa liberté d'agir ; il ne peut être prorogé par la convention des parties, ni la demande formée plus d'un an après l'expiration du délai de rigueur qui a été omis. Dans sa demande de restitution, la partie fait valoir ses motifs d'excuse, et renouvelle l'acte de procédure qu'elle avait omis d'accomplir en temps utile, ou en mentionne, s'il y a lieu, l'accomplissement. La demande est portée devant le tribunal compétent pour statuer sur cet acte : il est procédé en même temps sur l'un et sur l'autre à moins que le tribunal n'ordonne l'instruction et le jugement préalables de la demande en restitution (§§ 208-216).

Enfin le Code prévoit, dans les derniers §§ du livre Ier, l'interruption de la procédure (*Unterbrechung des Verfahrens*), par suite de la mort de la partie ou de son mandataire légal, ou de l'incapacité qui leur est survenue, de la faillite ou de la déconfiture de la partie, de la mort de l'avoué, etc. ; il détermine la marche à suivre pour la reprise de l'instance. La suspension de l'instance (*Aussetzung des Verfahrens*) peut aussi être convenue entre les parties, ou ordonnée par le juge, d'office ou à la demande d'une partie. En cas d'interruption ou de suspension de la procédure, le cours de tous les délais est arrêté ; il recommence *ab initio* après la reprise de l'instance. Les actes de procédure accomplis pendant ce temps ne sont pas opposables à la partie adverse. Néanmoins les causes d'interruption survenues après la clôture du débat oral n'empêchent pas le jugement (§§ 217-229).

LIVRE II. — De la procédure en première instance.

Les deux sections de ce titre ont pour objet : 1º la procédure devant les tribunaux régionaux (*Landgerichte*); 2º la procédure devant les tribunaux de bailliage (*Amtsgerichte*). Indépendamment des formes de la procédure et des jugements (titres 1 à 4 de la première section), la matière des preuves y tient une place considérable (titres 5 à 12 de la première section); le Code y traite non seulement des formes suivant lesquelles la preuve est rapportée, mais encore de la foi dûe aux divers modes de preuve qu'il prévoit et admet.

Procédure devant les tribunaux régionaux (Landgerichte). — L'ancienne procédure comprenait d'ordinaire plusieurs phases successives et distinctes. La première avait pour but de déterminer l'objet de la contestation (*status causæ et controversiæ*) au moyen d'actes de procédure remis au juge, ou de déclarations faites devant lui et dont il était dressé procès-verbal. Un jugement terminait cette partie de l'instance ; il était définitif, si l'affaire en était dès à présent susceptible ; sinon, le juge ordonnait la preuve, en précisait l'objet (*thema probandum*) et indiquait la partie qui devait la rapporter (*onus probandi*) : c'était ce que l'on appelait l'interlocutoire sur la preuve (*Beweisinterlokut*). C'était, au moins d'après l'opinion généralement suivie dans la pratique, un véritable jugement, susceptible de passer en force de chose jugée, et qui déterminait rigoureusement le terrain du débat. Lorsque l'interlocutoire avait acquis force de chose jugée, on procédait à la preuve, et après elle au jugement définitif.

Des règles différentes ont prévalu dans le nouveau Code. Au lieu de distinguer entre la première procédure et celle à fins de preuve, il veut que les parties, en produisant leurs allégations, fassent connaître les preuves qu'elles invoquent à l'appui (§§ 121, 122, 255). Il leur laisse aussi le soin de reconnaître elles-mêmes quels sont les faits et les allégations dont il leur convient d'offrir la preuve, et par quels moyens elles jugent utile de la fournir. Le juge apprécie seulement si la preuve offerte est relevante et admissible : sa décision à cet égard est rendue non par un interlocutoire, mais par une simple sentence d'avant-faire droit (*Beweisbeschluss*), qui n'est pas susceptible d'être attaquée séparément du jugement définitif, qui ne lie pas le tribunal, et ne préjuge en rien sa décision sur le fond (§§ 255 et 293).

L'ancienne procédure voulait que les diverses conclusions, moyens et exceptions des parties fussent produits, dans un ordre déterminé, à peine de déchéance. Le Code exige seulement que les fins de non-recevoir soient proposées avant tout débat sur le fond, à moins qu'elles ne se fondent sur des motifs d'ordre public qui interdisent aux parties d'y renoncer. Mais, quant à tous leurs autres moyens, et aux preuves qu'elles entendent invoquer, il est loisible aux parties de les faire valoir jusqu'au jugement. Le tribunal peut toutefois d'office, et même à l'égard de celui des plaideurs qui obtient gain de cause, mettre à sa charge tout ou partie des frais, s'il reconnait que la production tardive de ses moyens ou de ses preuves a eu pour résultat de différer la solution du procès. Il peut aussi, sur la demande de l'adversaire, refuser d'accueillir dans l'instance actuelle les moyens et les preuves tardivement produits par le défendeur, si ce retard lui paraît indiquer une négligence grave, ou le désir d'entraver la marche de la procédure (§§ 247, 251, 252, 256).

La demande est introduite au moyen d'un acte écrit, signifié à la partie adverse, et qui énonce l'objet précis de la réclamation du demandeur, le fondement sur lequel elle repose, les conclusions du demandeur. L'introduction de la demande a pour résultat de lier l'instance. Dès ce moment, l'exception de litispendance peut être opposée à toute demande relative au même objet et qui serait formée par l'une ou l'autre partie avant la solution du procès ; la compétence du tribunal n'est plus susceptible d'être changée par une modification survenue dans les circonstances qui lui ont servi de base, par exemple par le changement de domicile du défendeur ; le demandeur ne peut plus, sans le consentement du défendeur, modifier sa demande dans ses éléments essentiels, sauf le droit qui lui appartient d'amplifier ou de restreindre ses conclusions, de compléter ou de rectifier ses articulations ou ses moyens. La litispendance n'entraîne pas d'ailleurs l'inaliénabilité de la chose litigieuse ; mais son aliénation est sans influence sur le procès ; les parties y restent les mêmes ; le successeur ne peut, sans le consentement de la partie adverse, poursuivre le procès aux lieu et place de son auteur (§§ 230-233, 235-242).

Un intervalle d'un mois au moins doit séparer les debats oraux de la signification de la demande ; les deux premiers tiers de ce délai sont réservés au défendeur pour faire signifier sa réponse à la demande ; d'autres significations peuvent aussi être échangées entre les parties, pour compléter l'instruction de l'affaire et la préparation du débat oral (§§ 234, 244, 245).

Le jugement est prononcé en audience publique, en la présence ou en l'absence des parties, le jour même où les débats ont été clos, ou un autre jour qui est indiqué séance tenante et ne doit pas être éloigné de plus d'une semaine. Le prononcé consiste dans la lecture du dispositif du jugement; les motifs en sont pareillement lus, ou communiqués verbalement, lorsque le tribunal juge utile de les publier (§§ 281-283, 294).

Le jugement est transcrit intégralement (qualités, motifs et dispositif), sur un tableau qui est affiché au greffe pendant une semaine au moins, à partir du jour de cette affiche ; la rectification des qualités (*Thatbestand*), peut être demandée, s'il y a lieu, pendant un pareil délai, par les parties ou par leurs avoués ; ceux-ci ne sont pas, comme dans la loi française, chargés de la rédaction des qualités (§§ 284, 287, 291).

Si la partie ou son avoué ne comparaît pas à l'audience indiquée pour la plaidoirie, il peut être rendu contre elle, sur les conclusions de la partie adverse, un jugement par défaut (*Versaeumnissurtheil*). Le demandeur défaillant est, sans autre examen de l'affaire, débouté de sa demande. Le défendeur est condamné si les conclusions du demandeur sont justifiées par les faits qu'il expose ; ces faits sont tenus pour reconnus, à raison du silence de la partie adverse. Le tribunal doit vérifier, d'ailleurs, la régularité de l'assignation et de la procédure qui s'en est suivie, ainsi que les autres circonstances dont il a à tenir compte d'office, telles que la capacité des parties d'ester en jugement, les pouvoirs de leurs représentants légaux ou de leurs mandataires. La décision qui refuse de donner défaut peut être attaquée par le pourvoi immédiat (*sofortige Beschwerde*). Le jugement par défaut est susceptible d'opposition (*Einspruch*), dans les deux semaines de sa signification. L'opposition n'est pas recevable contre le jugement qui aurait débouté la partie non-comparante d'une première opposition (§§ 295-312).

Procédure devant les tribunaux de bailliage (Amtsgerichte). — Elle est, en général, soumise aux règles établies pour la procédure devant les tribunaux régionaux. Toutefois, le délai de comparution y est abrégé ; il est, en général, de trois jours. Les parties peuvent aussi se présenter volontairement et sans citation. L'assistance d'avoués n'est point exigée, et il n'y a pas lieu pour les parties d'échanger des écritures avant l'audience. Le juge est spécialement chargé de guider les parties dans la défense de leurs intérêts, et de veiller à ce qu'elles s'expliquent sur tous les faits qu'il importe d'élucider et prennent toutes conclusions utiles (§§ 456-470).

Aucun préliminaire de conciliation n'est imposé aux parties, avant de procéder soit devant les tribunaux régionaux, ou devant le tribunal de bailliage ; mais il est facultatif au demandeur d'y recourir, et de citer à cet effet son adversaire devant le tribunal de bailliage du domicile de ce dernier. Les tribunaux peuvent aussi, en tout état de cause, tenter de concilier les parties, et ordonner à cet effet, soit leur comparution personnelle ou leur renvoi devant un juge commissaire (§§ 471, 268).

De la preuve. — On doit distinguer, à propos de la preuve, les moyens par lesquels elle est établie, et les formes suivant lesquelles elle est rapportée ; le Code de procédure ne s'est pas borné à ce second objet, qui était spécialement de son domaine : dans sa préoccupation d'établir une pratique judiciaire uniforme et de rompre avec certaines traditions surannées, le législateur a édicté de plus un certain nombre de dispositions qui tiennent plus au fond qu'à la forme. Nous avons signalé déjà la plénitude de pouvoirs accordée au juge pour l'appréciation des faits de la cause et des preuves offertes par les parties ; nous verrons tout à l'heure l'effet et l'énergie qu'il attribue aux divers modes de preuve qu'il admet.

Avant de parler de la preuve elle-même, le Code s'occupe des diverses circonstances où il n'est pas besoin de preuve. Il n'avait pas à rappeler que les règles du droit ne sauraient, en général, faire l'objet d'une preuve proprement dite. Ce principe, incontestable et universellement reconnu, lorsqu'il s'agit de la loi nationale, le Code l'admet dans une certaine mesure à l'égard des lois étrangères et des coutumes locales ; il n'y a lieu d'en rapporter la preuve qu'autant qu'elles ne sont pas connues du tribunal ; le juge n'est pas obligé, d'ailleurs, de s'en tenir aux preuves fournies par les parties ; il peut recourir à tous les éléments d'information qui lui paraissent utiles (§ 265).

Il n'y a pas davantage lieu de rapporter la preuve des faits qui sont notoires pour le tribunal (§ 264).

L'aveu judiciaire ne rentre pas non plus dans la notion de la preuve : aux yeux du législateur allemand, il constitue moins une preuve proprement dite que la renonciation au droit d'exiger la preuve de la part de la partie adverse. L'aveu judiciaire rend donc superflue la preuve des faits auxquels il se rapporte. Il n'a pas besoin d'être accepté. Il ne peut être rétracté qu'autant que la partie justifie qu'il est contraire à la vérité et qu'il est le résultat d'une erreur. Il n'est pas indivisible, et conserve tout son effet, bien qu'il soit accompagné d'une assertion susceptible de constituer par elle-même un moyen d'attaque ou de défense (§§ 261, 262).

Dans un assez grand nombre de cas, où il ne s'agit pas de rendre une décision définitive, le Code, au lieu d'exiger une preuve complète, demande simplement à la partie d'établir ses allégations d'une manière plausible, littéralement de les rendre croyables, *glaubhaft machen*. Le droit antérieur se contentait de même, dans certains cas, de simples attestations (*Bescheinigungen*). Le Code s'est abstenu à dessein de définir les termes mêmes dont il s'est servi, et d'indiquer les moyens de preuve à exiger de la partie ; son allégation doit être accueillie dès qu'elle a, aux yeux du juge, un degré suffisant de vraisemblance ; la partie peut être tenue de la confirmer par son serment, mais on ne pourrait admettre à cet égard une preuve qui ne serait pas susceptible d'être immédiatement rapportée (§ 266. Voyez aussi l'Exposé des motifs de ce paragraphe, 251e du projet).

En principe, la preuve est administrée devant le tribunal saisi du procès ; l'audition des témoins, la déposition des experts, la prestation du serment déféré à la partie ont lieu devant lui ; elles ne peuvent être renvoyées devant un membre du tribunal ou devant un autre tribunal que dans les cas prévus par le Code, lorsque l'application de la règle générale présente des difficultés considérables ou rencontre un obstacle majeur, ou lorsqu'il peut y avoir avantage à entendre les témoins sur les lieux litigieux (§§ 320, 337, 340, 370, 441).

Il est loisible aux parties d'assister aux opérations qui ont pour objet l'administration de la preuve, sans toutefois que leur absence empêche le juge d'y procéder, autant du moins que les circonstances le permettent (§§ 322, 332).

La décision qui ordonne la preuve énonce : 1º les faits à prouver ; 2º les moyens de preuve admis, ainsi que les noms des témoins et des experts qui doivent être entendus. Elle indique la partie qui a invoqué la preuve, soit pour établir, soit pour repousser une articulation de faits. Elle fixe le jour où il sera procédé à la réception de la preuve, et désigne, s'il y a lieu, le juge-commissaire ou le tribunal étranger chargé de la recevoir (§§ 324, 335).

Le premier mode de preuve prévu par le Code consiste dans la visite faite par le juge lui-même, soit des lieux litigieux, soit des autres choses sur lesquelles porte la contestation (*Augenschein*). Le tribunal peut, en l'ordonnant, appeler un ou plusieurs experts à l'assister. Il peut commettre, à l'effet d'y procéder, un de ses membres ou un tribunal étranger, et leur déléguer la nomination d'experts (§§ 336, 337).

Preuve par témoins. — La preuve testimoniale est admise en toute matière, et quelle que soit l'importance de la contestation. Elle est reçue, même à l'encontre des actes authentiques, s'il est allégué que les déclarations faites devant l'officier public ont été inexactement rapportées par lui; *à fortiori*, le Code permet-il de compléter par des témoignages le contenu des actes authentiques, et d'offrir la preuve de ce qui aurait été dit avant, lors ou depuis les actes : l'intention du législateur allemand de s'écarter, à cet égard, des règles tracées par les art. 1341 et suivants du Code civil français, est nettement exprimée dans l'Exposé des motifs du nouveau Code [1]. La loi bavaroise, et après elle, le projet prussien, les avaient maintenues pour les provinces rhénanes, où le droit français était demeuré en vigueur ; le législateur de 1877, préoccupé avant tout d'établir une loi uniforme pour toute l'Allemagne, a voulu, au contraire, que la preuve testimoniale obtînt partout l'importance et l'autorité que les jurisconsultes d'outre-Rhin revendiquaient pour elle comme une conséquence du pouvoir souverain d'appréciation laissé au juge.

Cette dernière considération a fait repousser aussi la distinction établie par le droit antérieur entre les témoins idoines et les témoins suspects, de même que les causes d'exclusion ou de reproche admises par la loi française : toute personne, même parente ou alliée, est donc reçue à déposer, sauf au juge à dé-

[1] *Begründung des Entwurfs einer deutschen Civilprozessordnung*, § 239, pages 254 à 256; §§ 323-347, page 316.

terminer, dans la plénitude de son pouvoir d'appréciation, la foi qu'il convient d'ajouter à son témoignage. Néanmoins, les mineurs de seize ans, les faibles d'esprit, les personnes qui, d'après les dispositions des lois criminelles, sont incapables d'être témoins, sont entendus sans prêter serment. Il en est de même de ceux qui ont un intérêt direct à la contestation ; le tribunal peut toutefois, après leur déposition, leur imposer de jurer « qu'ils ont dit la pure vérité, en âme et conscience, sans en rien dissimuler et sans y rien ajouter » (§ 358).

En principe, toute personne citée comme témoin est obligée de répondre à cette citation, sous peine d'amende et de dommages-intérêts ; le tribunal peut aussi, en cas de refus réitéré, ordonner que le témoin sera amené devant lui par la force publique (§§ 345 et 346).

Toutefois, certaines personnes sont autorisées à refuser leur témoignage, à raison des liens de parenté ou d'alliance qui les unissent à l'une des parties, à moins qu'elles ne soient appelées à déposer sur l'un des objets suivants : 1º la formation et l'objet d'une convention à la conclusion de laquelle elles ont assisté comme témoin ; 2º les naissances, mariages ou décès des membres de la famille ; 3º les faits touchant aux relations pécuniaires subordonnées à des rapports de famille ; 4º les actes qu'elles ont accompli comme auteur ou représentant légal de l'une des parties, et qui se rapportent à l'objet du litige. Les ecclésiastiques et autres personnes tenues au secret professionnel ne peuvent, s'ils n'ont été dispensés de cette obligation, témoigner des faits dont ils ont eu connaissance à raison de leur ministère ou de leur profession. Enfin, toute personne peut refuser de répondre aux questions qui lui sont adressées, si elle ne peut le faire sans révéler un secret de fabrique, ou sans compromettre son honneur ou celui de son fiancé, de son conjoint, de son parent ou allié au degré déterminé par la loi, ou sans s'exposer elle-même ou une des personnes qui viennent d'être indiquées à une poursuite criminelle ou à un dommage pécuniaire et direct. Si les personnes autorisées à refuser leur témoignage n'usent pas de cette faculté, elles déposent sans prêter serment ; mais le tribunal peut, après les avoir entendues, leur imposer d'affirmer par serment la sincérité de leurs déclarations (§§ 348-358).

Expertise. — Lorsqu'il y a lieu de recourir à une expertise, le tribunal en détermine l'objet ; il nomme pour y procéder un ou plusieurs experts ; il peut inviter les parties à lui indiquer les personnes qui leur paraissent le plus aptes à remplir cette mission, et, si elles sont d'accord, il doit ratifier leur choix. Lorsque l'affaire est renvoyée, pour la réception de la preuve, devant un juge-commissaire, la nomination des experts peut lui être délé- , guée. A moins qu'ils n'en soient dispensés par les parties, les experts prêtent serment « de donner leur avis impartialement, en âme et conscience ». Cet avis est exprimé de vive voix devant le tribunal, ou, s'il en a été ainsi ordonné, il est consigné dans un rapport déposé au greffe ; le tribunal peut, dans tous les cas, exiger la comparution des experts pour donner des explications sur leur rapport écrit. En principe, l'expert est tenu d'accepter sa nomination, lorsqu'il a officiellement mission de donner des avis sur la matière en question, ou lorsqu'il fait profession de la science, de l'art ou du métier à raison desquels il est consulté, ou qu'il a reçu de l'autorité compétente mission ou pouvoir de les exercer. Néanmoins, les circonstances qui autorisent un té- moin à refuser son témoignage peuvent aussi être invoquées par l'expert comme motifs de refus ; le tribunal est souverain appré- ciateur des autres causes d'excuse qui pourraient se rencontrer. Enfin, les causes de récusation ouvertes contre les juges le sont pareillement contre les experts ; elles sont proposées et jugées dans la même forme (§§ 367-379).

Preuve par titre. — L'acte authentique est celui qui est dressé dans la forme légale par une autorité publique dans les limites de sa compétence, ou par une personne à qui foi est due, telle qu'un notaire, dans les limites de ses attributions :

Il fait pleine foi : 1° des déclarations retenues par l'autorité ou la personne qui a dressé l'acte, sauf la preuve de l'inexactitude de la relation qu'il contient ;

2° des ordres, dispositions ou décisions officielles qui y sont exprimés ;

3° des faits que l'acte a pour objet de constater, sauf la preuve de l'inexactitude de ces faits, dans la mesure où elle est admise par les lois des différents Etats.

L'acte sous seing privé signé de ses auteurs ou revêtu de leurs croix légalisées en justice ou par un notaire fait pleine foi de la réalité des déclarations qui y sont contenues : la preuve contraire n'est pas admise quant à ce. Le législateur a vu dans la signature des parties une garantie suffisante de l'exactitude des constatations de l'acte sous seing privé, tandis que pour les actes authentiques il a redouté des erreurs pouvant procéder de ce que leur rédacteur n'aurait pas bien entendu ou pas bien compris les parties, ou peut-être même altéré le sens de leurs déclarations [1] (§§ 380-384).

La preuve littérale est fournie au moyen de la production de l'acte dont on prétend la faire découler. Si la partie qui offre la preuve soutient que l'acte est en la possession de son adversaire ou d'un tiers, elle peut demander que celui-ci soit tenu de le produire. La production ne peut être refusée : 1º dans les cas où elle est ordonnée par le droit civil, même en dehors du procès ; 2º quand, d'après son contenu, l'acte est commun aux deux parties ; 3º quand le détenteur l'a lui-même invoqué en cours d'instance, ou dans les écritures qui ont préparé la procédure. Si la partie de qui la production d'un acte est demandée reconnaît l'avoir en sa possession, cette production est ordonnée ; il en est de même si la partie ne s'explique pas. En cas de dénégation de sa part, elle est tenue de prêter serment « qu'après des recherches faites avec soin, elle a acquis la conviction que l'acte n'existe pas en sa possession, qu'elle ne l'a pas détruit ou détourné pour mettre la partie adverse dans l'impossibilité d'en faire usage, et qu'elle ne sait pas davantage où l'acte se trouve ». Si la production et le serment sont refusés, la copie produite par la partie à qui incombe la preuve est présumée exacte ; à défaut de copie, le fait que l'on prétendait prouver par le titre peut être tenu pour avéré (§§ 395-399).

La partie contre qui l'on invoque un acte sous-seing privé est tenue de déclarer si elle en reconnaît la signature : faute de quoi,

---

[1] Voyez *Begründung des Entwurfes einer deutschen Civilprozessordnung*, §§ 361, 362 (380, 381 du Code), nº III, page 337.

l'acte est considéré comme reconnu. L'écriture peut aussi en être vérifiée par le tribunal au moyen de pièces de comparaison, ou, s'il y a lieu, d'une expertise. Quant aux actes authentiques, ils sont présumés vrais lorsqu'ils présentent les caractères extérieurs exigés par la loi ; en cas de doute, le tribunal peut demander à cet égard les explications de l'officier public à qui la rédaction en est attribuée ; pour les actes venus de l'étranger, l'authenticité en est suffisamment prouvée par la légalisation d'un consul ou d'un ambassadeur de l'Empire d'Allemagne (§§ 402-408).

Preuve par serment. — Le serment peut être déféré soit par la partie, soit par le juge. Dans l'un et l'autre cas, il ne peut être imposé qu'à la partie et non à un tiers ; il ne peut porter que sur des faits personnels à cette partie, ou à ses auteurs ou à ses représentants, ou dont, du moins, ces personnes ont eu connaissance par elles-mêmes. La formule en est plus ou moins affirmative, suivant les circonstances ; mais dans tous les cas, la partie doit apporter la déclaration de son sentiment personnel, soit en affirmant la vérité ou la fausseté du fait (*Wahrheitseid, jusjurandum de veritate*), ou la conviction qu'elle a acquise à cet égard, soit en déclarant qu'elle a ou n'a pas acquis la conviction que le fait est vrai (*Ueberzeugungseid*, serment sur la conviction de celui qui le prête) ; le serment de crédulité, où la partie déclare simplement n'avoir pas connaissance du fait allégué, n'est plus admis. S'il s'agit d'un fait personnel à la partie, ou qui soit à sa connaissance personnelle, elle doit jurer « que le fait est vrai ou qu'il n'est pas vrai ». On a prévu toutefois que la partie pourrait, à bon droit, hésiter d'affirmer la vérité ou la fausseté d'un fait, même personnel, mais remontant à une époque déjà éloignée, et auquel elle n'aurait pas, à l'origine, attaché une grande importance ; s'il est allégué non par la partie elle-même, mais par son adversaire, il lui suffira de jurer « qu'après réflexion et informations attentives, elle a acquis la conviction que le fait est vrai ou n'est pas vrai ». La partie affirme ainsi, tout au moins, une conviction personnelle basée sur les recherches auxquelles elle s'est livrée. S'agit-il enfin d'un fait qui ne soit pas personnel à la partie, mais dont tout au moins elle pouvait avoir personnellement

connaissance, on lui demande seulement de jurer « qu'après réflexion et informations attentives, elle a ou n'a pas acquis la
conviction de la vérité du fait ». (§§ 410, 414, 424)[1].

Le serment déféré par la partie, ou serment décisoire, a, avant
out, le caractère d'une transaction ; mais il a pu être considéré
comme un moyen de preuve, à raison de l'effet attribué à sa prestation ou au refus de le prêter : le fait sur lequel il porte est tenu
pour vrai dans le premier cas, pour faux, dans le second ; la partie à laquelle il est déféré doit donc réussir ou succomber au procès,
suivant qu'elle l'a prêté ou refusé. Elle peut aussi le référer, à la
condition que l'adversaire ne soit appelé ainsi à jurer que sur un
fait personnel ou dont il ait personnellement connaissance. La
preuve résultant de la prestation ou du refus du serment ne peut
être combattue par la preuve contraire, si ce n'est dans les cas
où un jugement ayant force de chose jugée peut être attaqué pour
faux serment ; la demande en restitution du jugement est seule
admise lorsqu'il a été statué définitivement et sur le fond. Aussi
longtemps que le serment n'est pas prêté, la partie qui l'a déféré
reste libre d'offrir d'autres moyens de preuve ; si elle en propose,
la délation du serment est tenue en suspens, et ne devient définitive qu'autant qu'elle est renouvelée après qu'il a été procédé
aux preuves offertes (§§ 413-423, 428 s., 543, al. 1).

A la différence du droit antérieur, le Code n'a pas réglé les
conditions dans lesquelles le serment peut être déféré d'office ; le
juge apprécie librement s'il y a lieu d'y recourir, et à laquelle des
deux parties il convient de l'imposer. Il n'a toutefois, de sa nature, qu'un caractère subsidiaire ; le Code ne le prévoit que pour
le cas où les débats, et s'il y a lieu, les preuves offertes n'ont pas
suffi pour démontrer au juge la vérité ou la fausseté des faits allégués devant lui (§§ 437-439).

Lorsque le tribunal estime qu'il y a lieu d'accueillir un serment déféré par la partie, ou de le déférer d'office, il l'ordonne
par un jugement sur le fond, subordonné à la condition du serment ; ce jugement précise la formule du serment et détermine
les conséquences de sa prestation ou de son refus. Le serment ne

---

[1] Voyez *Begründung des Entwurfes einer deutschen Civilprozessordnung*,
§ 391 (410 du Code) et § 404 (424 du Code); pages 351 à 353, 361 à 363.

peut être prêté qu'après que le jugement a acquis force de
chose jugée. Le tribunal peut aussi, exceptionnellement, imposer le serment par une décision préparatoire à fins de preuve,
et, dans ce cas, il est prêté avant le jugement du fond. Il peut
être procédé dans cette forme : 1° quand les parties sont d'accord
sur la pertinence et les termes du serment ; 2° quand le serment
a pour objet de vider un incident ; 3° quand la décision à intervenir sur certains moyens proposés à l'appui de la demande ou
de la défense est subordonnée à la prestation préalable du serment ; dans ce cas, le tribunal peut aussi statuer par un jugement sur incident, subordonné à la condition du serment ; mais
alors le serment n'est prêté qu'autant que le jugement sur le
fond, ayant force de chose jugée, reconnaît qu'il peut encore
influer sur la décision du procès ; 4° le serment est encore ordonné par décision préparatoire à fins de preuve, dans les procédures sur titres ou sur lettres de change (§§ 425-427, 558,
al. 4).

*Mesures autorisées en vue d'empêcher la déperdition des
preuves.* — S'il y a juste sujet de craindre qu'en cas de retard
la visite de la chose litigieuse, ou l'enquête ou l'expertise de-
viennent impossibles, ou du moins plus difficiles, il peut être
procédé à ces preuves en dehors des délais ordinaires et même
avant qu'il y ait une instance liée ; il y est statué par le tribunal
devant lequel l'affaire est pendante ; et, en cas d'urgence, ou
s'il n'y a pas de procès engagé, par le tribunal de bailliage dans
le ressort duquel se trouvent la chose litigieuse ou les témoins à
entendre ; la décision peut être rendue sans plaidoirie et n'est
susceptible d'aucun recours. La preuve est reçue dans les formes
ordinaires. La partie adverse y est appelée, sans que toutefois
l'inobservation de cette formalité empêche de procéder ; mais la
preuve ne peut être invoquée contre la partie qui n'a pas com-
paru, si elle n'a été citée en délai utile, ou si l'omission ou le
retard de la citation ne sont pas imputables à faute au demandeur. Quand l'adversaire ne peut être dès à présent désigné, le
tribunal peut nommer un mandataire spécial pour défendre les
droits éventuels de toute partie intéressée (§§ 447-455).

LIVRE III. — Des voies de recours.

Sous ce titre de voies de recours (*Rechtsmittel*) le Code ne comprend que les pourvois dévolutifs ; il en admet trois : l'appel (*Berufung*), la révision, (*Revision*), le pourvoi devant le tribunal immédiatement supérieur (*Beschwerde*). Ils sont ouverts contre les jugements qui n'ont pas acquis force de chose jugée ; les deux premiers ont toujours effet suspensif, le troisième l'a dans certains cas déterminés par la loi, ou en vertu d'une décision spéciale du juge. Les jugements passés en force de chose jugée peuvent aussi être attaqués devant le tribunal même qui les a rendus, soit par voie de nullité (*Nichtigkeitsklage*), soit par une demande de restitution en entier (*Wiedereinsetzung in den vorigen Stand*) : dans la théorie du Code, ces moyens exceptionnels constituent non des voies de recours, mais des actions distinctes, ayant pour objet la reprise de la procédure ; le Code les étudie sous ce titre, dans le livre IV. Il n'a pas davantage considéré comme des voies de recours l'opposition aux jugements par défaut (*Einspruch*), dont nous avons parlé précédemment, ni celle qu'il admet sous le nom de *Widerspruch*, dans la procédure par voie de sommation (*Mahnverfahren*).

De l'appel. — L'appel (*Berufung*) est ouvert contre tous les jugements rendus sur le fond (*Endurtheile*) en première instance ; le Code leur assimile, à cause de leur caractère définitif, et bien qu'ils n'aient pas statué sur le fond même du procès, le jugement qui rejette une fin de non-recevoir (§ 248), celui qui admet une réclamation en principe, sans en fixer encore le montant (§ 276), celui qui, dans la procédure sur titres ou sur lettres de change, réserve au défendeur condamné la poursuite de ses droits (§ 562). Quant aux jugements sur incident (*Zwischenurtheile*) et aux jugements d'instruction ou d'avant-faire droit (*Beschlüsse, Verfügungen*), spécialement ceux qui admettent ou rejettent l'offre d'une preuve testimoniale, ils ne sont pas susceptibles d'appel, mais ils sont, avec le jugement rendu sur le fond, soumis à l'examen du tribunal supérieur, à moins que des dispositions spéciales du Code ne les soustraient à tout recours, ou n'établissent à leur égard le pourvoi spécial désigné sous le nom de *Beschwerde*.

L'appel est recevable en toute matière, et quel que soit le montant de la demande.

Il est formé, à peine de déchéance, dans le mois, à compter de la signification du jugement ; il ne peut l'être avant cette signification.

L'appel remet en question tout ce qui a été jugé en première instance, ou du moins tous les chefs du jugement à l'égard desquels il est interjeté; les parties peuvent donc produire, à l'appui de leurs conclusions, tous moyens et toutes preuves, même ceux qu'elles auraient négligé d'invoquer en première instance. Toutefois la demande ne peut être modifiée, même avec l'assentiment de la partie adverse. Les fins de non-recevoir auxquelles la partie est autorisée à renoncer ne peuvent être produites pour la première fois en cause d'appel, à moins que la partie n'établisse qu'il ne lui a pas été possible de les proposer en première instance. Il était, d'ailleurs, à peine besoin d'exprimer que la partie demeure liée par son aveu judiciaire ou par sa déclaration qu'elle accepte ou qu'elle réfère le serment.

Le tribunal supérieur examine d'office la recevabilité et la régularité de l'appel. Il statue au fond, sur tous les points qui ont été de la part du tribunal de première instance l'objet d'un jugement définitif. Il renvoie les parties devant ce tribunal, lorsqu'en première instance il n'a pas été statué contradictoirement sur le fond du procès ; il en est ainsi notamment, lorsque le tribunal de première instance n'a prononcé que sur une fin de non-recevoir, ou qu'il a seulement statué sur le principe de la demande sans en fixer le montant, ou qu'il n'a jugé que par défaut, ou rejeté l'opposition à un jugement par défaut (§§ 472-506).

De la révision (§§ 507-529). — L'ancienne procédure allemande admettait, en général, deux instances d'appel, en fixant pour la seconde un taux supérieur à celui de la première. Dans le projet du Code, la confirmation en appel du jugement de première instance excluait tout recours ultérieur. Ce principe n'a pas été consacré par le Code ; il permet, au contraire, d'attaquer par le recours en révision (*Revision*) les jugements définitifs rendus en cause d'appel par les tribunaux régionaux supérieurs (*Oberlandesgerichte*), pourvu que la contestation subsistante entre les parties présente un intérêt pécuniaire d'au moins quinze cents marcs ; cette condition n'est pas imposée lorsque le recours est fondé sur l'incompétence du tribunal ou sur la non-recevabilité de l'appel, ni dans les cas où la compétence appartient exclusivement aux tribunaux régionaux, sans égard à la valeur de l'objet du litige.

La violation de la loi donne seule ouverture à la révision ; encore faut-il que la loi dont on relève la violation soit applicable à tout l'Empire, ou du moins que l'application n'en soit pas limitée au ressort du tribunal d'appel. Le tribunal de révision doit tenir pour constants les faits judiciairement constatés dans le jugement qui lui est déféré ; il doit aussi accepter sa décision sur l'existence et la portée des lois dont la violation ne donne pas ouverture à révision. Dans sa propre décision, il n'est pourtant pas limité à l'appréciation de la question de droit. Tout en reconnaissant que la loi a été violée, il doit rejeter la demande en révision, si le jugement attaqué lui paraît bien rendu au fond. Il peut aussi statuer sur le fond, lorsqu'il annule le jugement attaqué pour fausse application de la loi aux faits déclarés constants, et que l'affaire est en état de recevoir une solution définitive, ou encore, lorsque le jugement attaqué est annulé pour cause d'incompétence. En dehors de ces cas, l'affaire est renvoyée devant le tribunal d'appel, qui statue à nouveau, sans pouvoir s'écarter de la décision rendue par le tribunal de révision sur la question de droit.

Les délais du pourvoi en révision et les formes de la procédure sont d'ailleurs semblables à ceux que le Code a déterminés pour l'appel.

La révision se rapproche ainsi de la cassation, en ce que la violation de la loi y donne seule ouverture ; elle s'en éloigne sur plusieurs points importants, notamment par le pouvoir donné au tribunal de révision d'apprécier, dans certains cas, le fond du débat, et par l'obligation imposée au tribunal de renvoi de suivre l'interprétation donnée par le tribunal supérieur en ce qui concerne la question de droit.

Du pourvoi devant le tribunal immédiatement supérieur (Beschwerde). — Tandis que l'appel et la révision ne sont ouverts qu'à l'égard des jugements définitifs, le Code a admis une voie de recours spéciale contre certaines décisions rendues pour l'instruction de l'affaire, et sans plaidoirie ; les divers cas en sont spécialement définis par la loi à propos des diverses matières dans lesquelles il a paru utile de l'autoriser [1]. Ce recours, auquel le Code a donné le nom de *Beschwerde* (littéralement grief, plainte), est porté en principe devant le tribunal immédiatement supérieur ; mais au lieu d'être formé directement devant cette juridiction, il l'est devant le tribunal dont émane la décision attaquée, et qui peut y faire droit, s'il reconnaît que la réclamation est fondée. Le recours n'a d'effet suspensif que dans les cas où la loi le lui a expressément attribué ; le sursis à l'exécution de la décision attaquée peut aussi être ordonné soit par le tribunal de qui elle est émanée, soit par le tribunal supérieur. Le recours peut, de même que l'appel, être appuyé sur des faits nouveaux ou des preuves nouvelles. Il peut y être statué sans plaidoirie ; toutefois il est réservé au tribunal d'entendre, s'il le juge utile, les adversaires ou les parties intéressées, en la présence ou en l'absence du réclamant, ou de provoquer leurs observations écrites.

La loi n'a pas, en général, fixé de délai pour l'introduction du recours. Elle la limite néanmoins à deux semaines dans certains cas spécialement définis, tels que la décision sur la récusation proposée contre le juge ou le greffier (§§ 47, 49), le rejet d'une intervention (§ 68), le refus d'accorder jugement par défaut (§ 301), les décisions rendues dans la procédure d'exécution forcée (§ 621). La portée de ces décisions dépasse, en effet, celle d'une simple mesure d'instruction, et par suite il a paru utile à l'intérêt des parties et à la marche de la procédure que l'autorité n'en fût pas indéfiniment tenue en suspens. Le recours est alors appelé recours immédiat (*soforlige Beschwerde*) ; et il n'y peut être statué que par le tribunal supérieur, le tribunal qui a rendu la décision attaquée n'ayant pas alors le pouvoir de la modifier (§ 530-540).

---

[1] Voyez Code de procédure civile, §§ 46, 49, 68, 97, 99, 118, 126, 229, 290, 301, 345, 352, 355, 367, 371, 374, 579, 604, 619, 620, 639, 701, 813, 815, 829.

LIVRE IV. — De la reprise de la procédure *(Wiederaufnahme der Verfahrens)*.

Sous ce titre, le Code s'occupe de deux actions spéciales, que l'on pourrait qualifier de voies de recours extraordinaires, et qui, tout en reposant sur des fondements différents, tendent au même but : faire tomber en tout ou en partie un jugement rendu sur le fond et passé en force de chose jugée, et, par suite, faire rouvrir le débat au fond pour y statuer par un jugement nouveau : ce sont l'action en nullité du jugement *(Nichtigkeitsklage)* et l'action en restitution *(Restitutionsklage)* ou mieux, la restitution en entier contre la chose jugée. Elles peuvent être réunies dans une même instance ; mais il doit alors être sursis aux débats et au jugement sur la demande en restitution jusqu'à ce que le jugement sur la demande en nullité ait été rendu et soit passé en force de chose jugée.

La nullité peut être proposée : 1° quand le tribunal qui a connu de l'affaire n'était pas régulièrement composé ; 2° quand le jugement a été rendu avec le concours d'un juge qui pouvait être récusé et ne l'a pas été ; 3° quand un juge contre lequel la récusation avait été admise pour cause de suspicion légitime a néanmoins concouru au jugement ; 4° quand une partie n'a pas été régulièrement représentée, si d'ailleurs elle n'a pas approuvé la procédure expressément ou tacitement.

Les causes de restitution sont aussi indiquées limitativement. Elles supposent que le jugement a été rendu sur pièces fausses, ou à la suite d'un faux serment prêté par la partie adverse ou par un témoin ou un expert ; ou que le jugement a été provoqué par un fait de la partie adverse ou de son représentant, ou une forfaiture du juge, donnant ouverture à une peine de droit criminel ; ou enfin que la partie a pu découvrir, depuis la décision du procès, un jugement rendu dans la même affaire et précédemment passé en force de chose jugée, ou un document qui aurait amené une décision plus avantageuse pour elle.

L'une et l'autre actions sont portées, en principe, devant le tribunal qui a rendu le jugement attaqué. Cette règle souffre cependant deux exceptions. L'affaire est portée au tribunal d'appel, lorsque le demandeur attaque en même temps plusieurs jugements rendus dans la même affaire, et dont l'un l'a été en instance d'appel. Le tribunal d'appel est aussi compétent, en général, pour statuer sur la demande en restitution dirigée contre des jugements rendus dans l'instance de révision ; le tribunal de révision doit, en effet, admettre les faits déclarés constants par le tribunal d'appel ; or, c'est précisément la décision rendue sur ces faits que la demande en restitution tend à faire modifier. Au contraire, le tribunal de révision est compétent sur la demande en nullité et sur la demande en restitution motivée par le dol de la partie ou la forfaiture du juge.

La nullité ou la restitution doivent être demandées, à peine de déchéance, dans le mois à compter du jour où la partie a eu connaissance des circonstances qui y donnent ouverture. Elles ne peuvent, dans aucun cas, être proposées avant que le jugement ait acquis l'autorité de la chose jugée, ni plus de cinq ans après cette époque (§§ 541-554).

LIVRE V. — DE LA PROCÉDURE SUR TITRES OU SUR LETTRES DE CHANGE.
(*Urkunden und Wechselprozess*).

L'ancien droit germanique accordait au titre une sorte de voie parée, soit qu'il renfermât la clause d'exécution parée ou simplement qu'il établît avec certitude l'objet et le montant de la dette et l'époque de son exigibilité. Conformément au même principe, mais en en restreignant l'application, le Code de procédure autorise aussi une procédure plus rapide et plus sommaire à l'égard des créances fondées sur titres authentiques ou sous sous-seing privé, ou sur lettres de change, et ayant pour objet le paiement d'une somme d'argent déterminée, ou la prestation d'une quantité déterminée d'autres choses fongibles ou de valeurs (§ 555) ; il admet de plus l'exécution forcée, lorsque, dans le titre, le débiteur s'y est expressément soumis (§ 702, 5°). Le défendeur ne peut, en opposant des exceptions dilatoires, refuser de plaider au fond ; le tribunal peut toutefois ordonner que ces exceptions feront l'objet de débats séparés. Aucune demande reconventionnelle n'y est non plus admise. La preuve ne peut être faite que par titres ou par le serment décisoire, qui est déféré par un jugement à fins de preuve. Le demandeur peut du reste, sans l'assentiment du défendeur, et jusqu'à la fin du débat oral, se désister de la procédure sur titres, pour continuer l'instance dans les formes de la procédure ordinaire. Si le tribunal reconnaît que la demande n'est pas justifiée au fond, il en déboute le demandeur; son jugement a le même effet que s'il avait été rendu dans la procédure ordinaire. S'il juge qu'il n'y avait pas lieu à la procédure sur titres, ou que le demandeur n'a pas fourni la preuve exigée dans cette procédure, la demande est déclarée non recevable en la forme suivie par le demandeur, sauf à celui-ci à la reproduire dans la forme ordinaire. Le tribunal reconnaît-il, au contraire, que la demande est régulière en la forme et justifiée au fond, il condamne le défendeur sur la foi des titres produits; la condamnation est prononcée purement et simplement, si le défendeur n'a pas élevé de contestation ; au cas contraire, le tribunal lui réserve, même d'office, la faculté de faire valoir ses droits ; le jugement de condamnation est néanmoins considéré comme un jugement définitif et il est exécutoire par provision (§ 648, 4°). Lorsque la faculté de faire valoir ses droits a été réservée au défendeur, le débat reste pendant, pour être suivi dans la forme ordinaire : si les exceptions et les moyens de défense qu'il produit justifient sa résistance, le jugement rendu dans la procédure sur titres est rapporté, le demandeur est débouté de sa demande, et condamné aux frais en tout ou en partie, et, s'il y a lieu, à la restitution de ce qui lui a été payé ou livré en vertu du premier jugement (§§ 556-564).

La procédure sur lettres de change (*Wechselprozess*) n'est qu'une espèce particulière de la procédure sur titres, soumise pour la compétence et les délais d'ajournement, à quelques règles spéciales (§§ 565-567).

LIVRE VI. — Des affaires en matière de mariage ou en matière d'interdiction.

Les affaires en matière de mariage comprennent les demandes en divorce ou en séparation temporaire d'habitation (la séparation de corps permanente a été abolie par la loi du 6 février 1875, sur l'état civil, qui lui a substitué le divorce); — les demandes en rétablissement de la vie commune; — les demandes en nullité de mariage. L'intervention du ministère public comme partie jointe est admise dans toutes les demandes de cette nature; il peut, de plus, agir comme partie principale pour demander la nullité du mariage. Les demandes en divorce ou en rétablissement de la vie commune sont nécessairement précédées d'une tentative de conciliation, à l'effet de laquelle les parties sont tenues de se présenter en personne devant le juge de bailliage; le tribunal peut aussi, lorsqu'une réconciliation lui paraît possible, remettre d'office la cause à un délai d'un an au plus (§§ 568-592).

Les formes à suivre pour arriver à l'interdiction soit pour cause de démence ou pour cause de prodigalité, participent tout à la fois de celles de la juridiction gracieuse et de celles de la juridiction contentieuse. L'interdiction est prononcée par le tribunal de bailliage, sur la demande des personnes ayant qualité à cet effet. Il est procédé sans publicité et sans plaidoirie : toutefois la personne à interdire doit être interrogée; des médecins experts sont appelés à assister à cet interrogatoire; le tribunal doit aussi recueillir d'office toutes les informations utiles pour l'éclairer sur l'état mental de la personne à interdire. La décision est notifiée tant au demandeur qu'au ministère public; si elle prononce l'interdiction, elle est de plus notifiée à l'autorité chargée des tutelles; elle produit effet à dater du jour de cette notification. Le pourvoi immédiat est ouvert au demandeur et au ministère public contre la décision qui a rejeté la demande. Lors, au contraire, que l'interdiction a été prononcée, la décision du tribunal de bailliage peut être attaquée par voie d'action devant le tribunal régional, qui statue dans la forme ordinaire.

Des règles analogues s'appliquent à la main-levée de l'interdiction pour cause de prodigalité (§§ 593-627).

LIVRE VII. — DE LA PROCÉDURE PAR VOIE DE SOMMATION (*Mahnverfahren*).

La sommation prévue dans cette procédure consiste dans un commandement ou ordre de paiement (*Zahlungsbefehl*) délivré par le tribunal de bailliage à la demande du créancier, lorsque celui-ci justifie de la liquidité et de l'exigibilité de la créance, et que cette créance a pour objet une somme d'argent déterminée ou une quantité déterminée de choses fongibles ou de valeurs. A défaut d'opposition de la part du débiteur en délai utile, l'ordre de paiement est déclaré exécutoire par provision ; il obtient ainsi l'effet d'un jugement définitif rendu par défaut et sanctionné par l'exécution provisoire ; le débiteur est censé avoir reconnu la dette et n'avoir moyen d'y contredire. La loi réserve toutefois à ce dernier le droit de former opposition soit à l'ordre de paiement, soit à l'ordonnance d'exécution. Si la somme réclamée ne dépasse pas le taux de la compétence du tribunal de bailliage, l'opposition à l'ordre de paiement a pour résultat de réduire l'effet de cet ordre à celui d'une assignation, sur laquelle il est statué par ce tribunal dans la forme ordinaire ; au cas contraire, le débiteur doit saisir la juridiction compétente, dans le délai de six mois. L'ordre de paiement est par suite appelé conditionnel (*bedingter Zahlungsbefehl*), puisqu'il est subordonné dans ses effets à l'opposition ou au défaut d'opposition de la part du débiteur. L'opposition est recevable jusqu'à l'ordonnance d'exécution. Le débiteur peut aussi, dans un délai de deux semaines, former opposition à cette ordonnance, et remettre ainsi en question non-seulement l'ordonnance elle-même, mais encore l'ordre de paiement auquel elle s'applique. L'ordre de paiement est, de plus, sujet à péremption, si le créancier n'a pas demandé l'ordonnance d'exécution dans les six mois, à dater de l'expiration du délai intimé au débiteur pour s'acquitter de sa dette (§§ 628-643).

LIVRE VIII. — De l'exécution forcée.

Le Code a tracé d'abord un certain nombre de règles générales sur les titres qui peuvent servir de fondement à l'exécution forcée, sur la manière dont il y est procédé, sur le règlement des difficultés auxquelles elle peut donner lieu. Il détermine ensuite les formes particulières à observer suivant la nature de l'objet, ou celle des biens sur lesquels l'exécution est poursuivie. Il s'est préoccupé aussi du cas où le débiteur dissimulerait tout ou partie

de ses biens, et des mesures provisoires qu'il peut y avoir lieu
d'autoriser.

Dispositions générales. — L'exécution forcée (*Zwangsvoll-
streckung*) a lieu en vertu des jugements définitifs passés en
force de chose jugée, ou déclarés exécutoires par provision,
dans les cas où la loi prescrit ou permet au juge d'autoriser
l'exécution provisoire. Elle n'est pas suspendue par l'introduction de la demande de restitution en entier ou de la demande en
nullité du jugement; le tribunal saisi de ces demandes peut
néanmoins ordonner qu'il sera sursis à l'exécution, ou qu'elle
ne sera continuée qu'à charge de fournir caution.

Les jugements rendus par les tribunaux étrangers ne peuvent
être exécutés qu'après qu'ils ont été déclarés exécutoires, sur
assignation et plaidoirie, par un tribunal allemand compétent
à raison de l'objet de la demande et du domicile du défendeur ;
l'exécution ne peut avoir lieu qu'autant que le jugement allemand
est passé en force de chose jugée ou déclaré exécutoire par provision. Elle est ordonnée sans révision au fond. Elle est refusée
lorsque le jugement étranger a été rendu par un tribunal incom-
pétent, d'après les dispositions de la loi allemande, ou qu'il n'a
pas encore l'autorité de la chose jugée d'après la loi du pays où
il a été rendu ; elle est refusée également lorsque le jugement
condamne à l'accomplissement d'un acte non susceptible de contrainte d'après la loi allemande, ou que le débiteur condamné,
étant de nationalité allemande, n'a pas défendu au procès, à
moins que l'assignation n'ait été remise à sa personne ; l'exécution n'est ordonnée enfin qu'autant que la réciprocité est
garantie.

Aux jugements définitifs passés en force de chose jugée, le
Code assimile sous certaines réserves, en vue de l'exécution
forcée, les titres suivants, savoir : les transactions intervenues
devant un tribunal allemand, au cours d'une instance pendante,
et pour mettre fin en tout ou en partie à la contestation ; — les
transactions intervenues sur citation en conciliation devant le tribunal de bailliage ; — les décisions sujettes au pourvoi devant
le tribunal immédiatement supérieur, après l'expiration du délai
du pourvoi, et sous réserve des cas exceptionnels où ce pourvoi

est suspensif; — les ordonnances d'exécution rendues dans la procédure par voie de sommation ; — les actes reçus dans la forme légale par un tribunal allemand ou un notaire allemand dans les limites de sa compétence, lorsqu'ils ont pour objet le paiement d'une somme d'argent déterminée, ou la prestation d'une quantité déterminée de choses fongibles ou de valeurs, et que le débiteur s'est expressément soumis dans l'acte à l'exécution forcée immédiate.

L'exécution se fait sur l'initiative et sous la direction du créancier. Mais, pour faciliter la solution des difficultés auxquelles elle peut donner lieu, le Code attribue un pouvoir de surveillance autant que de juridiction au tribunal de bailliage dans le ressort duquel la poursuite s'exerce : ce tribunal est appelé à ce point de vue, tribunal d'exécution (*Vollstreckungsgericht*). Il est exclusivement compétent pour ordonner les actes d'exécution, lorsque l'intervention du juge y est exigée, et pour statuer sur les demandes, réclamations et observations relatives au mode de l'exécutiou forcée ou à la procédure qui doit être suivie à cet égard par l'huissier ; il peut ordonner qu'il sera sursis à l'exécution avec ou sans caution, ou que les poursuites ne seront continuées qu'à charge de fournir caution. Il statue sans plaidoirie, et sauf le recours immédiat (*sofortige Beschwerde*) devant le tribunal immédiatement supérieur. Quant aux réclamations qui touchent au fond du droit, elles ne peuvent être portées que devant le tribunal qui a compétence d'après les règles ordinaires ; elles ne sont recevables, d'ailleurs, que si le fait libératoire invoqué par le débiteur (paiement, transaction, compensation etc.), est intervenu depuis le jugement dont l'exécution est poursuivie. Les tiers qui prétendent sur l'objet saisi un droit de propriété, de gage, d'usufruit, ou autre semblable, susceptible d'en empêcher l'aliénation, doivent aussi se pourvoir non devant le tribunal d'exécution, mais bien devant le tribunal compétent *ratione materiæ* dans le ressort duquel l'exécution est poursuivie (§§ 644-707).

De l'exécution forcée sur les biens meubles ou immeubles. — En ce qui concerne les formes de l'exécution forcée sur les immeubles, et la détermination des biens qui peuvent y être soumis, le Code s'en rapporté aux lois en vigueur dans les différents Etats allemands. Il s'est borné à régler la compétence : c'est au tribunal de bailliage de la situation de l'immeuble qu'il appartient d'ordonner l'exécution forcée, à la demande du créancier (§§ 755-757).

A l'égard des meubles, l'exécution forcée se fait par la voie de la saisie. Le nom même qu'on lui donne (*Pfaendung*) et les effets qui lui sont attribués rappellent la *pignoris capio* du droit romain ; le créancier saisissant obtient sur l'objet saisi un droit de gage analogue à celui qui résulte du nantissement ; il est préférable à tous les créanciers, même privilégiés, qui ne sont pas nantis, et spécialement à ceux qui n'ont saisi qu'après lui (§§ 708-710).

La saisie mobilière (§§ 711-754) comprend quatre espèces ou variétés ; les deux premières correspondent à la saisie-exécution et à la saisie-brandon du droit français ; il n'y a pas lieu de s'y arrêter spécialement ; les deux autres sont celles qui ont pour objet soit des valeurs mobilières, soit des créances ou autres droits incorporels.

En cas de saisie d'une valeur mobilière cotée à la Bourse, l'huissier la vend de gré à gré, au cours du jour ; les valeurs non cotées sont vendues aux enchères dans la forme ordinaire (§ 722).

La saisie d'une créance peut être comparée à la saisie-arrêt du droit français. Elle consiste en ce que le tribunal d'exécution fait défense au tiers-débiteur de s'acquitter entre les mains du débiteur et à celui-ci de disposer de la créance, et spécialement d'en recevoir le paiement ; elle est opérée par la signification de l'ordonnance du juge au tiers saisi. Lorsque la créance saisie porte sur une somme d'argent, elle est déléguée au créancier, pour en poursuivre le recouvrement, ou, à son choix, la recevoir en paiement pour sa valeur nominale, et jusqu'à due concurrence. Lorsque la créance est saisie à la diligence de plusieurs créanciers, le tiers-saisi peut consigner le montant de la dette ; cette consignation opère sa libération (§§ 729-743, 750).

Le créancier porteur d'un titre exécutoire peut, avant la saisie, et en annonçant l'intention d'y faire procéder, faire opposition au paiement par le tiers-débiteur, et sommation au débiteur de s'abstenir de recevoir le paiement ou de disposer de la créance. L'opposition produit le même effet que la contrainte réglée par les §§ 810 et suivants, pourvu que la saisie de la créance soit opérée dans un délai de trois semaines (§ 744).

Lorsque la créance saisie a pour objet une chose corporelle mobilière ou immobilière, cette chose est remise par l'ordre du juge à un huissier ou à un séquestre, et la vente en est poursuivie dans les formes prescrites pour la saisie-exécution ou pour la saisie des immeubles. La délégation au créancier saisissant n'est point ici admise (§§ 745-748).

De la procédure de distribution (Vertheilungsverfahren). — Il y a lieu à cette procédure, lorsque, à la suite de l'exécution sur les meubles, il a été consigné une somme insuffisante pour désintéresser tous les **créanciers saisissants ou opposants**. Après examen des pièces produites, le juge dresse un état de distribution ; il fait convoquer les parties intéressées pour entendre leurs observations ; s'il ne s'élève pas de contredit, l'état est mis à exécution. S'il se produit une contestation et qu'elle soit reconnue fondée par les créanciers présents, ou qu'il intervienne entre eux un arrangement, l'état est rectifié en conséquence ; au cas contraire, la contestation est renvoyée devant la juridiction compétente, l'état recevant d'ailleurs exécution au surplus. Le créancier contestant est tenu de se pourvoir dans le délai d'un mois ; s'il reconnaît que le contredit est fondé, le tribunal décide à quels créanciers sera versée la partie de la masse sur laquelle a porté la contestation ; suivant les circonstances, il ordonne que la distribution sera rectifiée ou recommencée, ou y procède lui-même dans son jugement. Faute par le créancier contestant de se pourvoir dans le délai qui lui est donné à cet effet, il est passé outre à l'exécution de l'état de distribution ; le créancier conserve néanmoins la faculté de poursuivre son droit par voie d'action principale contre les créanciers payés en vertu de l'état de distribution (§§ 758-768).

Quelques règles spéciales s'appliquent à l'exécution forcée tendant à obtenir la délivrance d'une chose corporelle ou l'accomplissement d'une obligation de faire ou de ne pas faire. Si la chose est mobilière, elle est par l'huissier enlevée au débiteur

et remise au créancier ; si c'est un immeuble, l'huissier en met
le créancier en possession ; si la chose est aux mains d'un tiers,
l'action du débiteur aux fins de délivrance est déléguée au créancier. L'obligation de faire ou de ne pas faire est sanctionnée par
une contrainte pécuniaire dont le maximum est fixé à quinze
cents marcs (1875 fr.), et par l'emprisonnement pour une durée
de six mois au plus, sans préjudice aux dommages-intérêts qui
peuvent être réclamés par le créancier. Lorsque le fait dû peut
être accompli par un tiers, le créancier peut aussi être autorisé à
faire exécuter l'obligation aux frais du débiteur (§§ 769-779).

Du serment de manifestation et de l'emprisonnement. — Si
les objets mobiliers saisis ne suffisent pas pour désintéresser le
créancier, il peut exiger que le débiteur présente un état de ses
biens et de ses créances, et en affirme la sincérité, en jurant
« qu'il a fourni l'état complet de ses biens, et qu'il n'y a rien
omis sciemment » (§ 711). Ce serment est appelé serment de
manifestation (*Offenbarungseid*). Un serment analogue est imposé au débiteur, lorsque l'on ne retrouve pas chez lui un objet
mobilier dû et dont l'exécution forcée tend à faire obtenir la
remise ; le débiteur est tenu alors de jurer « qu'il ne possède
pas la chose, et qu'il ne sait pas où elle se trouve » (§ 769).

L'obligation de prêter le serment de manifestation est sanctionnée par l'emprisonnement, pour une durée de six mois au
plus, dans un local où ne se trouvent pas en même temps des
individus détenus préventivement ou condamnés (§§ 780-783,
785-794).

Le débiteur qui a prêté le serment ou subi, à raison de son
refus, l'emprisonnement pendant six mois, ne peut être recherché
de nouveau aux fins de prestation de serment, même par un autre
créancier, à moins qu'il ne lui soit survenu des ressources nouvelles (§§ 784-795).

De la contrainte et des mesures provisoires. — La contrainte
(*arrest*) est une sorte d'exécution anticipée que la loi autorise
plutôt pour donner une sûreté au créancier que pour lui faire
obtenir son paiement. Elle est admise sur les biens, lorsqu'il y a
juste sujet de craindre qu'ils soient soustraits à l'action du créancier, et qu'ainsi l'exécution soit rendue illusoire ou plus diffi-

cile ; sur la personne, lorsque la contrainte sur les biens n'offre pas de sûreté suffisante, et qu'il y a lieu de craindre que le débiteur n'abuse de sa liberté personnelle pour rendre vaines ou beaucoup plus difficiles les poursuites de ses créanciers. Elle n'a lieu que pour les créances de sommes d'argent ou de prestations susceptibles de se transformer en une créance de somme d'argent; elle est admise même pour les créances à terme, et n'exige pas de titre exécutoire.

La contrainte est autorisée par une décision qui peut être rendue sans plaidoirie soit par le tribunal saisi de la contestation quant au fond, soit par le tribunal de bailliage dans le ressort duquel se trouvent la chose à saisir ou la personne du débiteur ; cette décision peut être frappée d'opposition, sans que néanmoins l'opposition empêche l'exécution. La contrainte s'exécute au moyen de la saisie de la chose dans les formes prescrites soit pour la saisie mobilière ou pour la saisie immobilière; et, à l'égard de la personne, au moyen de l'emprisonnement ou des autres mesures que le tribunal a déterminées. Le créancier obtient un droit de gage sur les meubles saisis ; il ne peut toutefois faire procéder à la vente, ni se faire déléguer la créance saisie, avant d'avoir obtenu un jugement de condamnation, susceptible de servir de fondement à l'exécution forcée ; la vente peut aussi être autorisée par le juge lorsque les meubles saisis sont sujets à dépérir ou dispendieux à conserver; dans ce cas, le prix provenant de la vente est consigné. S'il n'y a pas d'instance pendante sur le fond, le tribunal qui a autorisé la contrainte intime au demandeur un délai pour introduire son action aux fins de condamnation ; faute par le demandeur de se pourvoir dans ce délai, il est donné mainlevée de la contrainte ; il en est de même, si les circonstances à raison desquelles il y avait lieu à la contrainte ont cessé d'exister, ou si le débiteur consigne somme suffisante, ou fournit d'autres sûretés qu'il appartient au tribunal de déterminer (§§ 796-813).

Lorsqu'il y a sujet de craindre que, par suite d'une modification dans l'état de l'objet litigieux, la poursuite des droits d'une partie devienne impossible ou beaucoup plus difficile, le tribunal peut ordonner telles mesures provisoires qu'il juge utiles ; en cas d'urgence, il peut statuer sans plaidoirie. Le tribunal compétent est celui auquel appartient la connaissance du fond de l'affaire. Le tribunal de bailliage dans le ressort duquel se trouve l'objet litigieux peut aussi, en cas d'urgence, ordonner une mesure provisoire, à charge par le demandeur de se pourvoir dans un bref délai devant le tribunal compétent sur le fond, pour plaider sur la validité de la mesure ordonnée (§§ 814-824).

Dans les cas qui requièrent célérité, le président peut statuer seul, aux lieu et place du tribunal, sur toutes les demandes mentionnées plus haut, et qui n'exigent pas de débat oral préalable (§ 822).

LIVRE IX. — De la procédure provocatoire (*Aufgebotsverfahren*).

Le droit commun germanique ne permet que dans un petit nombre de cas, d'adresser aux parties intéressées une sommation publique pour les mettre en demeure de produire leurs réclamations ou de faire valoir leurs droits dans un délai fixé, sous peine de déchéance. La pratique et les législations spéciales aux différents pays ont étendu l'application de cette procédure provocatoire. Le Code de procédure en maintient le principe dans tous les cas déterminés par les lois spéciales ; il n'intervient que pour en régler les formes. La sommation (*Aufgebot*) prévue par la loi est publiée au moyen d'une affiche apposée dans l'auditoire du tribunal et d'une insertion dans le *Journal officiel* de l'Empire d'Allemagne (*Deutscher Reichsanzeiger*) ; elle indique un délai de six semaines au moins ; à l'expiration de ce délai, et s'il y est conclu, la forclusion est prononcée à l'égard de toute réclamation qui n'a pas été formulée dans le temps fixé, ou tout au moins avant le jugement ; si, au contraire il se produit quelque réclamation, le tribunal peut ou bien la réserver dans le jugement de forclusion, ou surseoir à prononcer jusqu'à ce qu'il y ait été statué par jugement définitif. La procédure peut aussi, même en l'absence de production, être remise, si le demandeur le requiert ; mais elle est périmée après six mois. Le pourvoi immédiat devant le tribunal immédiatement supérieur est ouvert contre le jugement qui rejette les conclusions tendantes à la forclusion ; il l'est aussi, à raison des restrictions ou réserves

insérées au jugement. Au contraire, aucun recours n'est admis
contre le jugement qui prononce la forclusion. L'annulation
en peut toutefois être demandée par action principale dans certains cas énumérés par le Code, et qui supposent soit un vice de
forme, soit un fait punissable donnant ouverture à la restitution ;
l'action est portée devant le tribunal régional ; elle doit être
intentée dans le mois, à compter du jour où la partie intéressée
a eu connaissance du jugement de forclusion ; dans aucun cas,
elle n'est recevable après dix années révolues depuis ce jugement (§§ 823-836).

Indépendamment des dispositions qui viennent d'être analy-
sées, le Code a édicté quelques règles spéciales pour le cas où la
procédure provocatoire tend à prévenir les réclamations qui
pourraient être formées en vertu de lettres de change perdues ou
détruites ou d'autres titres négociables ou au porteur. La procédure peut être introduite par le dernier porteur, ou par celui
qui est fondé à exercer le droit réel ou personnel établi par le
titre. Le poursuivant doit fournir une copie du titre, ou du
moins en indiquer l'objet ; il doit aussi faire connaître toutes les
circonstances qui établissent son droit à la propriété de ce titre,
et offrir d'affirmer par serment la vérité de ses allégations. La
sommation porte invitation au détenteur du titre de le produire,
sous peine de le voir déclaré nul et sans effet ; elle est publiée
dans l'auditoire du tribunal, au *Journal officiel* de l'Empire, et
de plus à la Bourse, et dans les autres journaux désignés par la
loi (§ 187, al. 2) ou par le tribunal ; elle comporte un délai d'au
moins six mois. Le jugement de forclusion prononce la nullité
du titre perdu, et autorise le poursuivant à faire valoir contre
tout débiteur les droits établis par ce titre (§§ 837-850).

LIVRE X. — DE LA PROCÉDURE ARBITRALE (*Schiedsrichterliches Verfahren*).

Dans tous les cas où les parties ont le droit de transiger sur
l'objet du différend, il leur est loisible d'en remettre la décision
à un ou plusieurs arbitres ; un compromis sur des contestations
futures n'est valable qu'autant qu'il porte sur une obligation ou
un rapport de droit déterminé et sur les difficultés auxquelles ils

pourront donner lieu. L'arbitrage peut aussi être établi par des dispositions de dernière volonté.

Le compromis ne désigne pas nécessairement les arbitres. S'il n'en a été décidé autrement, chaque partie nomme un arbitre ; la partie la plus diligente fait connaître par écrit à son adversaire celui qu'elle a choisi, en le sommant de désigner, de son côté, son arbitre dans le délai d'une semaine ; à défaut de nomination dans ce délai, il y est pourvu par le tribunal. Les arbitres peuvent être récusés pour les mêmes motifs que les juges, et, de plus, pour diverses autres causes que la loi a prévues.

Les arbitres déterminent eux-mêmes, à défaut de convention entre les parties, les formes de la procédure à suivre devant eux ; dans tous les cas, ils entendent les parties et recueillent tous renseignements utiles pour éclairer leur décision. Ils peuvent aussi entendre les témoins ou les experts qui comparaissent volontairement devant eux, mais ils ne peuvent ni les faire citer, ni recevoir leur serment ; les actes judiciaires que les arbitres n'ont pas qualité pour accomplir sont faits par le tribunal compétent, à la demande de l'une ou de l'autre des parties. A moins de stipulation contraire dans le compromis, et si d'ailleurs leur nombre le comporte, les arbitres statuent à la majorité ; en cas de partage, leur mission expire. La sentence arbitrale est motivée ; elle est déposée au greffe du tribunal compétent, et notifiée aux parties. Elle produit entre les parties l'effet d'un jugement passé en force de chose jugée ; elle n'est donc susceptible d'aucun recours, nonobstant toute stipulation ou convention contraire. Elle ne devient toutefois exécutoire qu'autant que l'exécution en a été autorisée par un jugement d'exequatur.

La nullité de la sentence arbitrale peut être demandée pour la plupart des causes qui autorisent la restitution contre les jugements définitifs passés en force de chose jugée ; elle peut aussi l'être dans les cas suivants : si la procédure arbitrale n'était pas admissible dans l'espèce ; — si la sentence condamne une partie à l'accomplissement d'un fait illicite ; — si la partie n'a pas été légalement représentée ; — si elle n'a pas été entendue ; — si là sentence n'est pas motivée. Le jugement d'exequatur ne doit pas être rendu s'il existe un motif d'annulation. Toutes les causes d'annulation peuvent être proposées avant ce jugement; elles peuvent l'être aussi dans la procédure tendante à l'obtenir; mais, une fois ce jugement rendu, comme la partie a été mise à même de produire ses moyens, elle ne peut plus invoquer d'autres causes de nullité que celles qui sont susceptibles de fonder une demande en restitution. Dans ce cas, la nullité de la sentence doit être demandée, à peine de déchéance, dans le mois à compter du jour où la partie a eu connaissance du jugement d'exequatur; elle n'est recevable ni avant que ce jugement ait acquis l'autorité de la chose jugée, ni après l'expiration de dix ans depuis ce même moment. L'annulation de la sentence arbitrale entraîne celle du jugement d'exequatur.

La connaissance des demandes sur lesquelles la justice ordinaire peut être appelée à prononcer à l'occasion du compromis, et spécialement de la demande d'exequatur et de la demande en nullité de la sentence arbitrale, appartient au tribunal cantonal ou régional désigné par les parties dans le compromis et, à défaut de compromis, à celui qui serait compétent sur le fond, si la réclamation était poursuivie en justice (§§ 851-872).

Paris. — Impr. F. Pichon, 30, rue de l'Arbalète, & 24, rue Soufflot.